Armand de Quatrefages

La race prussienne

Essai

ISBN : 978-1542987745

10 9 8 7 6 5 4 3 2 1

Armand de Quatrefages

La race prussienne

Essai

Table de Matières

La race prussienne

Il y a moins d'un an, je m'élevais ici même contre les applications de l'anthropologie à la politique. Ces applications, disais-je, reposent presque toujours sur des erreurs ; elles ne sont propres qu'à engendrer, à éterniser la haine et la guerre. J'étais loin de penser alors que les faits confirmeraient mes paroles d'une si prompte et terrible manière. Grâce à l'idée de l'antagonisme des races, mise en jeu et exploitée avec une machiavélique habileté, l'Allemagne entière s'est levée au nom du pangermanisme ; elle veut régner sur les races latines, et, voyant dans la France l'expression la plus élevée de ces races, elle s'est ruée sur notre patrie avec l'intention hautement proclamée de nous réduire à une impuissance irrémédiable. Appelée à cette croisade par la Prusse, elle s'est subordonnée à cette puissance, et a relevé pour elle l'empire germanique. En agissant ainsi, les vrais Germains n'espèrent pas sans doute préparer un avenir de bienveillance internationale et de paix. La victoire assure-t-elle du moins la suprématie à leur race ? Pas davantage. La Prusse ne s'en laissera pas déposséder. Or les éléments ethnologiques de cette nation sont tout autres que ceux qui ont donné naissance aux nations vraiment allemandes. Des conditions climatériques spéciales ont maintenu et accentué les différences originelles. En réalité, au point de vue anthropologique, la Prusse, fait à peine partie de l'Allemagne. Voilà ce que je voudrais montrer en peu de mots.

L'histoire physique et ethnologique de la Prusse se confond avec celle de toutes les contrées placées au sud et au sud-est de la mer Baltique. Cette région fait partie d'une immense plaine plus ou moins ondulée qui de l'Océan-Atlantique s'étend jusqu'à la Mer-Noire avec une ligne de faîte si peu accusée qu'aux inondations annuelles de l'automne et du printemps le Priépetz, affluent du Dnieper, communique avec le Bug, affluent de la Vistule, et avec le Niémen. Le versant nord de cette plaine est essentiellement composé de sable et semé de blocs erratiques enlevés aux Alpes Scandinaves, qui reportent la formation de ces terrains à l'époque glaciaire. Un limon argileux distribué en larges plaques le fertilise par places, laissant de vastes espaces que couvrent des landes stériles et d'inépuisables tourbières qu'un travail opiniâtre peut seul transformer en champs cultivés. Sur ce sol à peine incliné, les

Armand de Quatrefages

eaux s'amassent en étangs, en lacs innombrables souvent alimentés ou mis en communication par des fleuves ou des rivières au lit sinueux, au cours lent, aux eaux rarement limpides. Un climat généralement humide est la conséquence naturelle de cet état de choses. Les vents du nord-est, s'ajoutant à l'influence de la latitude, prolongent et rendent plus rigoureux les hivers partout où ne se fait pas sentir l'action modératrice de la mer. Des forêts presque continues, et dont plusieurs contrées ont gardé de magnifiques restes, semblent avoir couvert presque toute cette région.

Aussi loin que pénètre l'histoire classique, deux grandes races, toutes deux appartenant à la souche aryenne, semblent se partager les terres que baigne la Baltique. À peine les écrivains de la Grèce et de Rome mentionnent-ils un troisième élément duquel nous aurons au contraire à tenir un grand compte. À l'ouest, la race germanique, représentée par les Saxons et les Angles, occupait les rivages de la mer, le Hanovre, le Holstein et une partie du Mecklembourg. En arrivant à l'Oder, elle se heurtait aux populations slaves. De ce contact sortit sans doute la race mixte des Vandales [1], qui, au IIe siècle de notre ère, occupait le cours supérieur de l'Elbe, et dont le nom a laissé dans l'histoire une signification presque inutile à rappeler. Les Slaves, arrivés sur la Vistule à une époque préhistorique, en possédaient le bassin entier. Attaqués par les Goths, sortis de Suède vers le IIIe siècle avant notre ère, ils perdirent l'embouchure du fleuve et une partie du littoral ; mais quatre siècles après ils prirent leur revanche et chassèrent les envahisseurs. Poursuivant leurs conquêtes, ils s'emparèrent de tous les pays voisins, et rejetèrent sur l'empire romain les populations pures ou mélangées qui se rattachaient à la souche germanique. Aux Ve et VIe siècles, une partie de la Courlande à l'est, du Mecklembourg à l'ouest, avec tous les pays intermédiaires que nous appelons *Prusse* proprement dite, Brandebourg, Silésie, Poméranie, appartenait à la race slave [2].

Les Slaves et les Germains étaient également étrangers à ces régions. C'est en conquérants qu'ils y entraient. Ce n'étaient pas des terres désertes que se disputaient les deux races aryennes ; elles avaient également à subjuguer les premiers occupants. Ceux-ci ont laissé bien peu de traces dans l'histoire ; pourtant Tacite parle de *Fenni*, que M. A. Maury place aux embouchures de la Vistule ; les *Phinni* et les *Zoumi* ou *Suomes* de Strabon et de Ptolémée habitaient quelque part en Pologne, les *Estes* de Jornandès étaient établis fort au sud des Esthoniens actuels. Ces peuples n'étaient ni germains ni slaves ; ils faisaient partie de ce groupe de races humaines qu'on a nommées tour à tour races tchoudes, mongoloïdes, touraniennes, nord-ouraliennes, qui sont plus généralement connues sous le nom de races finnoises, et dont la plupart se rattachent à la branche allophyle du tronc blanc [3].

Les anciens historiens ne pouvaient donner aucune notion sur l'origine de ces races. Il est bien douteux qu'ils les aient distinguées des populations voisines. Les recherches modernes ont fait connaître peu à peu les caractères qui les isolent, leur nombre, leur importance et les rapports existant entre elles. La linguistique comparée a rendu à ce point de vue d'immenses services, et tous les progrès accomplis dans ce sens ont longtemps été dus à peu près à elle seule [4]. Or cette science montre les populations dont il s'agit comme partagées en une vingtaine de petits peuples qui ne comptent pas ensemble quatre millions d'individus, presque tous isolés géographiquement et distribués en îlots au milieu des blancs et des jaunes. L'étude des caractères extérieurs permet de faire un pas de plus ; elle constate dans le type général des modifications en rapport avec les races environnantes. Le Nord-Altaïen, dit M. Beauvois, passe au Mongol au-delà de l'Oural, au Turc sur les rives du Volga, au blanc-âryen dans le bassin de la Baltique. De ces faits, on peut déjà conclure que les Finnois ont dû occuper autrefois une étendue plus considérable, et que leur petit nombre et leur isolement actuels tiennent au moins en grande partie à des mélanges accomplis au profit des populations qui les ont comme submergés.

Cette conclusion se justifie bien plus encore lorsque l'on renverse les termes du problème étudié par M. Beauvois, et qu'au lieu de s'en tenir à l'influence des races aryennes ou mongoliques sur les Finnois on recherche celle qu'ils ont eux-mêmes exercée sur leurs envahisseurs. Laissons pour le moment de côté les Asiatiques, et ne parlons que des Européens, dont l'histoire nous est mieux connue. Rappelons que les Slaves, frères des Germains et des Gaulois de César, présentaient des caractères physiques analogues. Chez les uns et les autres, la taille était élevée et svelte ; les cheveux, les yeux, le teint, présentaient les couleurs bien connues. Prichard, guidé par les témoignages historiques, était arrivé à cette conclusion [5], qui est aussi celle de M. A. Thierry [6]. Des recherches récentes et d'une autre nature confirment pleinement ces résultats. Les anatomistes polonais ont retrouvé dans les têtes osseuses des anciens Slaves le crâne allongé et harmonique des Aryens. Le magnifique album photographique publié par la Société d'histoire naturelle de Moscou montre chez les Slaves modernes les traits les plus caractéristiques des races de la même branche, et pourrait être regardé comme illustrant les récits de certains voyageurs [7]. En revanche, les descriptions dues à d'autres observateurs et ce que nous pouvons chaque jour constater par nous-mêmes contrastent singulièrement avec les données précédentes. Nous connaissons tous des individus généralement considérés comme Slaves, se regardant eux-mêmes comme tels, et qui pourtant sont de petite taille, ont les yeux et les cheveux foncés, le teint tirant sur le brun, la charpente osseuse plutôt délicate et grêle que forte et robuste. Évidemment ce ne sont pas les fils des Slaves historiques, ce sont autant de proches parents des Lettons de la Livonie, qui eux aussi ont été rattachés à cette famille parce qu'ils en parlent un dialecte ; mais ces Lettons, petits, faibles, qui prennent de l'embonpoint dès qu'ils sont bien nourris, et dont les femmes sont souvent presque naines, ne seront jamais des Slaves pour l'anthropologiste. Ce sont évidemment les frères des Esthoniens, Finnois plus grands et plus robustes, avec lesquels d'ailleurs ils se fondent insensiblement. Ici la linguistique prise pour guide unique a conduit à une erreur sur laquelle j'insisterai plus loin.

Je sais que j'aborde un terrain délicat, que je touche à une question obscurcie par une de ces erreurs que je signalais tout à l'heure, par des préventions que je voudrais combattre. À la suite de luttes politiques et sous l'empire de sentiments dignes de la plus sérieuse sympathie, mais qui les ont égarés, d'excellents esprits ont admis l'existence d'un antagonisme radical entre les races aryennes et finnoises. L'*Iran* et le *Touran*, disent-ils, ont constamment été en lutte ; ils ne sauraient habiter en paix le même sol, encore moins s'unir et se fondre. L'anthropologie, cette science qui, née d'hier, a grandi si rapidement, ne confirme en rien ces doctrines absolues. Bien au contraire, elle nous montre la plupart des populations européennes, toutes peut-être, comme ayant reçu à des degrés divers une part de sang allophyle, souvent de véritable sang finnois. Il n'est pas difficile de reconnaître la présence de cet élément ethnologique en France et jusque dans la capitale. Le fait est bien plus évident encore sur certains points de notre territoire, dans la Basse-Bretagne méridionale par exemple, où j'ai pu le constater par moi-même. Rapprochons ces faits qui nous touchent de ceux que présentent les bords de la Baltique, le bassin de la Vistule, et, sans recourir à des migrations dont l'histoire aurait perdu toute trace, nous expliquerons aisément un fait signalé par M. Duchinski. « Les caractères distinctifs des Armoriques tracés par César ont, dit cet auteur, des analogies avec ceux des Lithuaniens. Les Polonais qui ont séjourné en Bretagne s'accordent à trouver une foule de points de ressemblance entre les Bretons actuels et leurs compatriotes, surtout ceux qui avoisinent la Lithuanie. » C'est que le mélange du sang finnois et du sang aryen s'est opéré dans les deux contrées. Seulement, dans le bassin de la Baltique, c'est au Slave que s'est unie la race allophyle ; c'est avec le cette qu'elle s'est croisée chez nous. Nous n'avons pas à rougir des résultats du mélange. Quelque malheureux que nous soyons en ce moment, l'ennemi ne raiera le nom français d'aucune page de l'histoire, et certes les enfants de notre vieille Armorique ont assez fait leurs preuves en tout genre pour qu'on puisse accepter sans répugnance une certaine communauté d'ancêtres avec eux.

Ces faits étaient du reste bien embarras sans naguère. Ils s'expliquent aujourd'hui, grâce aux recherches toutes récentes de l'archéologie préhistorique et de la paléontologie humaine. À peu près partout où l'on a cherché en Europe, on a reconnu l'existence d'hommes antérieurs à toute histoire. Un certain nombre a vécu aux époques géologiques qui ont précédé immédiatement celle que nous traversons. Cette existence est attestée par les produits d'une industrie, rudimentaire sans doute, mais qui accuse aussi parfois des instincts élevés prêts à se développer. Malheureusement ces ouvriers des anciens jours nous sont connus d'ordinaire par leurs œuvres seules : les fossiles humains sont encore bien rares ; toutefois de l'ensemble des observations recueillies jusqu'à ce jour ressortent déjà quelques conclusions dont l'importance ne saurait être méconnue. Quand vivaient en France le rhinocéros et l'éléphant, le renne et le bœuf musqué, ce qui existait de l'Europe avait déjà ses habitants. Ces populations primitives se ressemblaient par des caractères ostéologiques communs [8]. Certains détails d'importance secondaire établissaient entre elles des distinctions analogues à celles qui séparent de nos jours les peuples issus de la même souche. À en juger par l'abondance des armes, des outils que l'on recueille, ces populations devaient être, au moins par places, aussi denses que le permet la vie des peuples chasseurs.

Telle est la grande formation humaine que les Aryens envahirent à des époques diverses, et dont plusieurs nous sont cachées par la nuit des temps. Nous pouvons néanmoins juger jusqu'à un certain point de ce qui dut se passer. Les races allophyles ne furent pas exterminées. Pour qu'une race, une nation disparaisse en entier, il faut des circonstances exceptionnelles, il faut que la lutte ait lieu sur un terrain limité et circonscrit, dans une île par exemple. C'est ainsi que les Espagnols ont pu anéantir la race caraïbe dans les archipels du golfe du Mexique. Sur le continent, il en a été tout autrement. Malgré les massacres accomplis par les conquistadores, la race locale forme encore le fond de la population dans toute l'Amérique espagnole et portugaise. Ici pourtant il n'y avait pas seulement antagonisme de race et guerre à outrance ; il y avait en outre du côté des Européens la supériorité des armes, la force que donne la civilisation, le dédain qu'elle inspire pour la vie de l'homme sauvage ou prétendu tel. Entre les Aryens et les allophyles, il n'existait pas de différences aussi tranchées. Les moyens d'attaque et de défense étaient à peu près les mêmes. Les terres incultes et couvertes de forêts ouvraient aux indigènes des retraites sûres. Les Slaves, pas plus que les Celtes, n'ont pu détruire les peuples qui occupaient avant eux les terres où nous vivons.

Les violences d'une conquête barbare entraînent elles-mêmes des unions et concourent à la formation d'une race métisse. Le temps d'ailleurs calme les haines et adoucit les répugnances. Les Aryens et les allophyles durent se mélanger d'autant plus aisément que les vainqueurs n'étaient certainement pas de beaucoup au-dessus des vaincus au point de vue de l'état social. De là naquirent ces populations à caractères mixtes que l'on rencontre partout. Parfois aussi les races se juxtaposèrent pour ainsi dire et occupèrent la même contrée, se mêlant sans doute en partie, mais sans se confondre entièrement. La Lithuanie présente de nos jours encore la persistance d'un pareil état de choses. Les deux types y sont restés très distincts [9]. Enfin les races indigènes, plus nombreuses à coup sûr que les hordes envahissantes, durent former longtemps des groupes compactes où ne pénétra que fort peu l'élément étranger, où tout se conserva, la langue aussi bien que les caractères physiques. Il reste encore quelques témoins de ces îlots, jadis sans doute bien plus nombreux et plus étendus. Les Lives, les Esthoniens, ne sont pas autre chose. C'est là un fait que mettra difficilement en doute quiconque aura examiné attentivement trois têtes osseuses d'Esthoniens généreusement cédées à notre Muséum par le Cabinet d'histoire naturelle de Saint-Pétersbourg [10]. Les mâchoires inférieures de deux d'entre elles présentent au plus haut degré les particularités remarquables qui caractérisent la mâchoire trouvée en France dans les terrains quaternaires de Moulin-Quignon. La troisième offre dans son ensemble une ressemblance non moins frappante avec les têtes humaines fossiles extraites des cavernes de Belgique par M. Dupont, et remontant aux mêmes âges géologiques. Les Esthoniens, les populations qui leur ressemblent, sont bien les descendants directs des hommes qui ont vécu en France en même temps que les éléphants et les rhinocéros.

La fixité de ces caractères pendant un laps de temps supérieur à tous ceux qu'embrassent les plus lointains souvenirs de l'humanité est faite pour surprendre au premier abord ; elle s'explique pourtant lorsqu'on se rappelle que les Esthoniens ont dû vivre sous l'empire de conditions d'existence peu différentes depuis ces temps reculés. Ils habitèrent d'abord les portions aujourd'hui tempérées de l'Europe. Or ces contrées ne ressemblaient guère alors à ce qu'elles sont devenues. Toutes nos chaînes de montagnes avaient à cette époque des glaciers plus étendus que ceux des Alpes actuelles. La faune, la flore, se composaient essentiellement d'espèces boréales. Jusque dans la France méridionale, le climat était évidemment humide, froid, et devait présenter beaucoup d'analogie avec celui que j'ai décrit en commençant. Quand s'ouvrit la période géologique actuelle, quand la température s'adoucit, les plantes et les animaux pour qui elle devenait trop élevée accompagnèrent les glaces qui reculaient vers le nord. Bien des tribus humaines durent les suivre, entraînées, elles aussi, par leurs habitudes, par l'attrait du monde qui s'ouvrait devant elles, par les nécessités de la chasse, comme le sont de nos jours les Peaux-Rouges d'Amérique. Peut-être aussi les premières invasions aryennes refoulèrent-elles dans les âpres solitudes du bassin de la Baltique une partie des allophyles, qui y trouvèrent la liberté jusqu'au moment où le flot des Slaves déborda jusque chez eux [11]. Quoi qu'il en soit, placés dans un milieu fort analogue à celui qu'ils avaient quitté, ils ne pouvaient que conserver leurs traits caractéristiques aussi longtemps que le croisement avec une autre race ne viendrait pas les altérer. Voilà pourquoi les Esthoniens de nos jours ont tous les traits ostéologiques essentiels de l'*homme quaternaire* de la France et de la Belgique.

Les distinctions tirées de l'anatomie et des traits extérieurs sont incontestablement d'une importance supérieure pour caractériser les races humaines. Les invasions ne peuvent rien ou presque rien sur les éléments physiques essentiels d'une population. Le mélange même des races les respecte en partie, et, grâce à l'atavisme, ils reparaissent de temps à autre dans leur intégrité première, même après des siècles de métissage. Il en est autrement des caractères linguistiques. Ceux-ci peuvent disparaître assez rapidement, et sont alors effacés sans retour. En cas de conquête, la race victorieuse impose toujours au bout d'un certain temps sa langue à la race vaincue. L'histoire des peuples européens fourmille d'exemples de ce genre. Lorsque le souvenir d'un changement de cette nature s'est perdu, quelque récent qu'il soit, il donne souvent lieu à d'étranges méprises. On rattache à la même souche et l'on regarde comme sœurs les populations parlant un même langage ; on déclare anéantie celle dont la langue s'est effacée. Des recherches souvent difficiles sont alors nécessaires pour retrouver les origines vraies, pour reconnaître la réunion sur un terrain parfois très circonscrit d'éléments ethnologiques fort différents. C'est ainsi que l'adoption générale de l'espagnol par les descendants des Guanches avait fait croire à l'extinction de cette race, lorsque M. Sabin Berthelot vint en révéler l'existence, montrer que la majeure partie des Canariens lui appartiennent, et qu'il existe encore plusieurs familles dont les ancêtres directs luttèrent contre Béthencourt et ses compagnons.

Quelque chose d'entièrement semblable, mais accompli sur une échelle beaucoup plus vaste, s'est évidemment passé dans les contrées qui nous occupent. Le Slave conquérant a imposé sa langue au Finnois, J'ai déjà cité les Lettons, entièrement Finnois par leurs traits physiques, et qui n'en parlent pas moins une langue slave tellement caractérisée qu'elle a donné son nom à tout un groupe de dialectes voisins, — les Lithuaniens où l'on distingue les deux types physiques, tandis que la langue est essentiellement aryenne et celle même qui se rapproche le plus du sanscrit. La Prusse proprement dite présentait à une époque relativement récente un fait absolument pareil. Un ancien voyageur allemand, racontant ce qu'il a vu, dit que la population de cette contrée est composée de *géans* et de *nains* [12]. Le contraste des races est ici nettement accusé par l'exagération même de l'auteur. Le *borussien* ou *vieux-prussien* n'en était pas moins une langue slave intermédiaire entre le *lette* et le *lithuanien*. Dans ces deux dialectes du reste, Thunmann et Malte-Brun ont trouvé des racines finnoises. Le premier a signalé en outre une population franchement finnoise qui vivait encore dans la Prusse orientale vers le milieu du XIIIe siècle. Enfin l'Esthonie, la Livonie et la Courlande possèdent encore des populations qui, en dépit des siècles et d'une double conquête, ont conservé leurs idiomes primitifs. Il est vrai que les limites de ceux-ci se resserrent chaque jour davantage, et qu'ils disparaîtront sans doute prochainement, En 1862, il ne restait plus en Courlande que deux mille personnes environ employant l'un ou l'autre des deux dialectes anciennement usités. En Livonie, *douze* individus seulement parlaient encore la langue de leurs pères [13]. Évidemment dans quelques années d'ici quiconque se laissera guider par la linguistique seule croira pouvoir affirmer que les Lives ont entièrement disparu.

En somme, des Finnois et des Slaves plus ou moins purs, plus ou moins mélangés, tels ont été jusqu'au milieu du XIIe siècle les seuls éléments ethnologiques dans toute la région comprise de l'Esthonie au Mecklembourg. La race slave dominait sans doute, et c'est à elle que se rattachait la très grande majorité de la sauvage aristocratie qui régissait ces tribus. Tout au plus peut-être quelques Goths, quelques Vandales restés en arrière et acceptant le joug des Slaves, peuvent-ils avoir mêlé leur sang à celui de ces derniers. Quant à l'élément germanique, il n'accuse sa présence par aucun signe appréciable, et l'histoire est absolument muette à son égard.

Le commerce et la religion, telle qu'on l'entendait alors, vinrent modifier cet état de choses. En 1158, un bâtiment brêmois, frété pour l'île de Gothland, fut poussé par les vents jusque vers l'embouchure de la Dwina. Les marchands qui le montaient trouvèrent sur cette côte des peuples à peu près sauvages tout disposés à échanger de riches fourrures pour du sel, des toiles communes et d'autres objets en rapport avec les besoins d'une société dans l'enfance. Les Hanséatiques accoururent et se partagèrent les bénéfices d'un commerce analogue à celui qui se pratique de nos jours avec les Peaux-Rouges, dans l'Amérique du Nord. Comme nous le faisons encore, ils envoyèrent des agents qui s'établirent sur les points les plus favorables, et qui, pour protéger les personnes et les marchandises contre l'agression des indigènes ou des pirates danois, élevèrent des forteresses. C'est ce que nous appelons aujourd'hui des *comptoirs*. La race germanique prit ainsi pied sur les terres des Slaves. Toutefois elle ne se serait guère éloignée des côtes, si elle avait obéi uniquement à l'impulsion née des intérêts commerciaux. Un mobile plus puissant ne tarda pas à la conduire jusque dans l'intérieur du pays.

Dès l'an 997, saint Adalbert, archevêque de Prague, essaya d'introduire le christianisme chez les *Pruczi* ou *Prutzi*, population que l'histoire mentionne pour la première fois vers cette époque, qui occupait à peu près la Prusse orientale actuelle, et dont les nombreuses tribus semblent avoir été reliées entre elles par une organisation sacerdotale commune. Toujours est-il que ces Prussiens primitifs étaient fort attachés à leurs croyances. Adalbert, ayant pénétré sur le territoire sacré d'un sanctuaire appelé *Romov* ou *Romowe*, fut massacré comme sacrilège. Un siècle environ s'écoula sans autre tentative de conversion. En 1106, un moine nommé Maynard se joignit à des marchands, et reprit l'œuvre interrompue, mais en s'adressant aux Lives de la Livonie. Menacé à son tour, il fit construire plusieurs forts dont il fallut faire venir par mer tous les matériaux. Le titre d'évêque d'Yaküll récompensa ce zèle actif et conquérant. Maynard eut pour successeurs deux de ces évêques guerriers qui, dans l'ardeur de leur prosélytisme, oubliaient volontiers l'horreur professée par l'église pour l'effusion du sang humain. Le premier, Berthold, d'origine saxonne, fut chassé par la force des armes, revint à la tête d'une armée, défit les Lives, et fut tué en les poursuivant. Le second, Albert d'Asseldern, aidé par l'empereur et par le roi de Danemark, se mit à la tête d'une croisade, aborda avec vingt-trois vaisseaux sur la rive septentrionale de la Duna, et y bâtit la ville de Riga, dont il occupa le siège pendant vingt-huit ans. Pour s'assurer un appui moins précaire que celui des croisés, le belliqueux évêque appela autour de lui des nobles allemands, et leur distribua les terres conquises à charge de service militaire. En outre il fonda l'ordre des chevaliers porte-glaive, qui subjuguèrent les Esthoniens. Christian, apôtre et évêque de Prusse, suivit l'exemple d'Albert, institua les frères de la milice du Christ ; mais, dans une bataille qui dura deux jours, les Prussiens tuèrent tous les chevaliers de cet ordre à l'exception de cinq. Alors Christian appela au secours de sa propagande les chevaliers teutoniques, déjà illustrés par leurs combats contre les infidèles d'Orient. Ceux-ci se hâtèrent d'accourir, et, réunis aux porte-glaive, qui se fondirent bientôt avec eux, ils commencèrent contre les païens de la Baltique une guerre acharnée, qui entraîna souvent la Pologne, menacée, elle aussi, par la puissance envahissante des chevaliers, et que les Prussiens appelèrent maintes fois à leur aide. Nous n'avons pas à raconter les péripéties de ces luttes ; rappelons seulement qu'au commencement du xvᵉ siècle l'ordre teutonique possédait l'Esthonie, la Livonie, la Courlande, la Samogitie, la Prusse, la Pomérellie et la Nouvelle-Marche. Dans leurs luttes avec les indigènes, les chevaliers se faisaient aider par des colons appelés de toutes parts, mais surtout d'Allemagne, et qui formèrent surtout la bourgeoisie des villes. Eux-mêmes étaient en grande majorité Allemands. Partout où les conduisait la fortune des armes, ils imposaient avec la religion chrétienne leurs lois et leur langage. Voilà comment la race germanique pénétra au cœur des populations locales, comment la langue allemande, la langue des vainqueurs, à son tour déposséda les divers dialectes slaves en Prusse, en Brandebourg, etc., comment elle restreignit de plus en plus l'aire des idiomes locaux en Esthonie, en Livonie et en Courlande. Si la victoire de Tannenberg, remportée en 1410 par les Polonais, n'avait arrêté le développement de la puissance teutonique, si la Pologne avait été subjuguée comme les contrées qui la bornent au nord, nul doute que la langue polonaise n'eût disparu de même, et que la terre des Jagellons ne fût aujourd'hui proclamée territoire allemand.

L'avènement de la maison régnante de Prusse dut activer encore la transformation dont nous recherchons les causes. En 1411, Frédéric, comte de Hohenzollern et burgrave de Murberg, obtint de l'empereur Sigismond de Hongrie, au prix de 400,000 florins d'or, la *marche* de Brandebourg et la dignité d'électeur. Un de ses descendants, Albert, grand-maître des chevaliers teutoniques, embrassa la réforme de Luther, et *sécularisa* l'ordre militaire qui l'avait choisi pour chef. En revanche, il fut reconnu duc héréditaire de la Prusse orientale sous la souveraineté de la Pologne. En 1618, par le mariage de sa fille avec Jean-Sigismond, ce fief revint à la branche régnante de Brandebourg. Ainsi disparut, après avoir duré près de trois siècles, l'empire fondé par les chevaliers teutoniques, et ainsi prit naissance celui qui pèse aujourd'hui sur nos destinées [14]. On voit combien Cantu a pu dire avec raison que l'histoire de la Prusse à ses débuts est la suite ou plutôt un épisode de l'histoire des croisades. Ajoutons qu'en passant définitivement aux mains d'un prince allemand, en conservant à titre de *nobles* la plupart des anciens chevaliers de même origine, ce pays devait se germaniser de plus en plus dans les hautes classes, tandis que le fond de la population restait le même.

Certainement les croisades ont eu pour causes premières des croyances étrangement interprétées et le désir de propager la foi chrétienne ; toutefois elles satisfaisaient et surexcitaient également les passions purement terrestres, l'ambition et l'amour du lucre. D'autres événements religieux et des mobiles plus purs amenèrent en Prusse, en Brandebourg surtout, des éléments ethnologiques bien étrangers à ceux que nous avons signalés.

Dès 1614, le margrave Jean-George embrassa ouvertement les doctrines de Calvin. Ses successeurs restèrent attachés à cette branche du protestantisme. Ce fut la seule grande cour calviniste de l'Allemagne. Lorsque, oubliant ses promesses et ses opinions premières, Louis XIV commença la persécution des réformés français, un certain nombre émigrèrent de l'autre côté du Rhin. Assez mal accueillis par les princes luthériens, ils s'adressèrent à ceux qui partageaient leurs croyances. Les souverains du Brandebourg comprirent la portée de ce mouvement, et firent tous leurs efforts pour le favoriser. Frédéric-Guillaume en particulier mit tout en œuvre pour amener dans ses états une population honnête, laborieuse, qui apportait avec elle des éléments de prospérité inconnus dans le nord, et qui devait combler les vides laissés par la guerre de trente ans. — À peine Louis XIV avait-il révoqué l'édit de Nantes qu'il répondit par l'édit de Potsdam [15], ouvrant aux émigrants français une seconde patrie dans toute l'étendue du terme. Les représentants à l'étranger du grand-électeur reçurent ordre d'aplanir pour eux toutes les difficultés du voyage. Les biens qu'ils apportaient furent affranchis de tous droits et péages. Aux agriculteurs, on abandonna les maisons et les terres dont les possesseurs avaient disparu, et ces propriétés furent exemptées d'impôt pendant six ans. Aux industriels, on accorda d'emblée le droit de bourgeoisie dans les villes, l'entrée dans les corporations de métiers. Aux gentilshommes, on assura les droits et les prérogatives de la noblesse du pays. Des commissaires spéciaux furent créés pour veiller à l'exécution de ces mesures. Des institutions de crédit furent fondées pour subvenir aux premiers besoins, pour préparer l'avenir. Les réfugiés eurent, comme ils l'avaient eu en France, leurs cours de justice, leurs consistoires, leurs synodes. Enfin toutes les affaires qui les concernaient se traitèrent en français [16].

Il n'est pas surprenant qu'attirés par d'aussi grands avantages les protestants français se soient portés en masse dans le Brandebourg. Leur consciencieux historien, Charles Weiss, en estime le nombre à 25,000 *hommes*, non compris ceux qui n'avaient pas attendu le dernier moment. Comparé à la population indigène, ce chiffre est considérable. À la mort du grand-électeur, la Prusse entière ne comptait que 1 million et demi d'habitants. On voit que les réfugiés français durent apporter un fort appoint à celle des provinces qui les reçut presque tous au lendemain des guerres qui l'avaient dépeuplée. Aussi l'histoire les montre-t-elle rebâtissant presque seuls des villes détruites par Tilly et ses émules, créant dans la capitale même de nouveaux et les plus beaux quartiers, fondant de véritables colonies et repeuplant des cantons.

Toutefois, pour apprécier à sa juste valeur le rôle joué dans le Brandebourg par les réfugiés français, il ne faut pas seulement les compter ; il faut surtout avoir présents à l'esprit les services qu'ils rendirent à leur nouvelle patrie et la position qu'ils surent y acquérir par cela même. Nous ne pouvons entrer ici dans des détails, et nous renvoyons à l'ouvrage de Charles Weiss, aux écrivains allemands, qu'il a résumés et complétés. Il sera facile de s'assurer que presque toutes les sources de la fortune publique furent renouvelées et considérablement accrues par l'introduction de cet élément venu d'un pays de beaucoup plus avancé, depuis la culture des jardins fleuristes et maraîchers jusqu'à celle des champs, depuis la fabrication des étoffes communes jusqu'au tissage des tentures de soie et de brocart. Grâce aux dispositions libérales de l'édit de Potsdam, aucun réfugié ne descendit dans les classes les plus inférieures de la population. Les plus humbles furent des colons libres, bientôt des cultivateurs aisés, ou prirent place dans la petite bourgeoisie et ne tardèrent pas à s'élever par l'intelligence et le travail. Un très grand nombre s'établit d'emblée au premier rang dans le haut commerce, dans la grande industrie, qui reçurent d'eux une impulsion toute nouvelle. En même temps, la cour, la diplomatie, l'armée, la magistrature, s'ouvrirent aune foule de familles françaises. D'autres s'illustrèrent dans la science, la littérature, les arts. La plupart existent encore. On comprend que je ne saurais en citer ici les noms [17]. Il en est, comme ceux des Ancillon, des Savigny, qui sont universellement connus. Je dois seulement faire remarquer que, par suite des alliances contractées avec les familles locales, la France peut revendiquer sa part dans l'origine ethnologique de bien des illustrations portant une appellation tout allemande. Il suffit de nommer les deux Humboldt, Prussiens par leur père, Français par leur mère.

La France tout entière était représentée dans l'émigration protestante du Brandebourg, mais les provinces du centre et du midi fournirent la plus large part. Metz et son territoire envoyèrent cependant trois mille réfugiés environ, qui presque tous se fixèrent à Berlin. Pour être partis de la province que réclame aujourd'hui l'Allemagne, ces derniers n'étaient rien moins que des Germains. Les noms qui nous ont été conservés attestent tous une origine française. L'Anjou, le Poitou, l'Ile-de-France, le Béarn, le comté d'Orange, donnèrent un contingent considérable. Il semble toutefois que le haut et le Bas-Languedoc étaient représentés d'une manière spéciale dans cet exode. Ce furent les industriels de Nîmes, de Montpellier, de Béziers et des environs, qui apportèrent avec eux l'art de fabriquer diverses étoffes de laine, et Pierre Labry, originaire du Vigan, introduisit en Prusse le tissage des bas, encore populaire dans nos Cévennes. Le plus pur sang français pénétra ainsi partout dans la province de Brandebourg, au cœur même du royaume de Prusse. Aujourd'hui ce sang coule dans les veines de la haute et de la basse bourgeoisie, de la grande et de la petite noblesse. À bien chercher, on trouverait sans doute que la majorité des individus composant les classes dirigeantes de la nation en a reçu sa part d'une manière directe ou indirecte.

Cette communauté de race ne nous a pas créé de sympathies en Prusse, au contraire. Purs ou métis, ces descendants des réfugiés de l'édit de Nantes sont tout aussi Prussiens de cœur et de sentiments que leurs compatriotes d'origine slave, finnoise ou germanique. Ils l'ont prouvé lors des invasions de Napoléon et de la guerre de l'indépendance ; ils l'ont hautement proclamé au début de la guerre actuelle par la voix de quelques-uns de leurs représentants les plus distingués. La France doit souffrir en trouvant en eux des ennemis ; mais, il faut bien l'avouer, elle n'a pas le droit de leur en faire un reproche. Jadis, à de bien rares exceptions près, elle s'associa tout entière à la grande faute, au grand crime de Louis XIV ; elle chassa les protestants par des raffinements de persécution et de cruauté que n'avaient pas inventés les bourreaux de la Rome païenne : elle les rencontra bientôt sur les champs de bataille, elle y retrouve aujourd'hui leurs descendants. Ce ne sont certainement pas les moins redoutables parmi nos adversaires, et dans ces anathèmes que la Prusse piétiste lance contre la France catholique il y a sans nul doute un écho lointain de nos vieilles guerres de religion.

Malgré leurs trop justes ressentiments, les *Français de Prusse* conservèrent la langue de la mère-patrie, et la répandirent partout. La partialité intéressée de Frédéric II leur vint en aide à ce point de vue. Le français remplaça le latin à l'Académie de Berlin ; il pénétra jusque dans les provinces les plus reculées avec les arts, les industries, les méthodes agricoles nouvelles. Un moment, on put croire que cette conquête pacifique irait jusqu'au bout, et que l'allemand subirait le sort qu'il avait fait subir à d'autres idiomes ; mais une vive réaction, qui avait sa source dans des sentiments que nous ne saurions blâmer, rendit bientôt la supériorité à la langue nationale. Les guerres de l'empire favorisèrent encore ce mouvement. Les descendants des réfugiés tendirent de plus en plus à se confondre avec la population qui avait accueilli leurs ancêtres ; tous ils joignirent la langue du pays à celle qu'ils tenaient de leurs pères. Jusqu'en 1819, Berlin possédait sept églises où le culte se

Armand de Quatrefages

célébrait exclusivement en français. À partir de cette année, on y prêcha alternativement en français et en allemand ; c'est seulement à partir de 1830 que l'allemand prévalut. Toutefois la tradition de notre langue n'est pas encore perdue dans les familles, et par là s'explique un fait qui a bien eu son importance dans la guerre actuelle. Il n'a été que trop aisé de trouver dans tous les rangs de la population et de l'armée des hommes à qui il était facile de se faire passer pour Français, tant ils parlaient notre langue avec pureté et sans accent allemand.

Il est une sorte de caractères moins faciles à préciser que ceux dont il a été question jusqu'ici, et qui n'en sont pas moins réels. Je veux parler des instincts, des aptitudes, des qualités et des défauts qui donnent à chaque civilisation, à chaque société humaine, sa physionomie, sa signification historique. En cas de croisement, il en est de ces caractères comme des autres. Chaque race apporte sa part au fonds commun, et la race mixte ne saurait récuser quoi que ce soit dans cet héritage. Il est donc important de rechercher ce qu'étaient à ce point de vue les éléments aujourd'hui plus ou moins fusionnés en Prusse.

Le Finnois de la Baltique tel que le peint l'histoire et qu'il se montre de nos jours encore là où il s'est conservé est assez laborieux, médiocrement industrieux, patient, obstiné même, hospitalier, quoique se livrant difficilement aux étrangers. Doué d'instincts poétiques, surtout d'instincts musicaux, il était, il est encore très attaché à ses croyances religieuses ou superstitieuses. Amoureux de l'indépendance, il a résisté courageusement à la conquête, s'est révolté souvent, et, bien que réduit au plus dur servage, a conservé une certaine fierté personnelle. Malheureusement ce qu'il y a de bon dans ce tableau est gâté par un trait qui semble, être vraiment national. Le Finnois ne pardonne jamais une offense vraie ou supposée, se venge à la première occasion, et n'est pas difficile sur le choix des moyens. On explique ainsi la fréquence des assassinats en Finlande chez les paysans appartenant à cette race [18].

Rien n'indique que l'esprit de conquête ait jamais animé les populations finnoises dont nous parlons. Cet esprit se montre au contraire chez le Slave, comme chez tous les Aryens qui ont abordé l'Europe. Comme eux, il y est arrivé en barbare ; il en avait les qualités et les défauts, fort bien résumés par M. A. Thierry [19]. Toutefois il se distinguait de ses frères par sa manière de combattre. Sa guerre était celle des embuscades. Il excellait à se tapir derrière une pierre, à ramper parmi les herbes, à se cacher des journées entières, attendant l'ennemi pour le frapper à l'improviste d'un long javelot empoisonné.

Je ne veux pas placer ici en regard l'une de l'autre les races germaniques et françaises. Dans les circonstances actuelles, je serais trop facilement accusé d'injustice ou de partialité. Je me borne à signaler la différence des rôles joués par chacune d'elles dans la contrée qui nous occupe. Les Germains arrivèrent en Prusse en conquérants sans pitié, et imposèrent aux populations une domination qui suscita de nombreuses et terribles révoltes. C'est par le fer et le sang qu'ils assirent leur domination. Les Français apportèrent avec eux une civilisation incontestablement supérieure, les arts, l'industrie, une foule d'éléments de progrès pacifiques. La différence des temps et des circonstances est évidemment pour la plus grande part dans ce contraste. Toutefois, quelles qu'en aient été les causes, le fait est indiscutable, et il n'est pas sans intérêt de le constater.

On croit généralement que, lorsque deux ou plusieurs races d'une même espèce se croisent, le produit est d'emblée et toujours intermédiaire entre les parents. C'est là une grande erreur. Les phénomènes du croisement sont bien autrement multiples et complexes. Chacun des types primitifs peut l'emporter tour à tour et accuser sa prépondérance dans des proportions très diverses. De la combinaison de traits, de qualités, d'aptitudes différentes, sortent à chaque instant des caractères nouveaux, à peu près comme le vert résulte du mélange du jaune et du bleu. Souvent aussi l'atavisme intervient, quelque complet que soit le mélange, et ressuscite en quelque sorte les éléments premiers. À la longue toutefois, l'ensemble se rapproche d'une moyenne tenant plus ou moins des souches originelles tout en ayant acquis son cachet spécial, et la race croisée, *la race métisse* finit par constituer un type nouveau. Ces phénomènes se sont nécessairement accomplis en Prusse, et nécessairement ils ont éloigné des races germaniques même les classes élevées de la société, même la bourgeoisie prussienne.

Enfin, pour l'homme comme pour les animaux, le *sang* n'est pas tout dans la constitution d'une race, et le *milieu* ne perd jamais ses droits. Dans les pays dont nous parlons, le croisement s'est opéré entre deux races locales et deux races immigrantes. Les premières, façonnées depuis des siècles aux influences spéciales du bassin de la Baltique, n'avaient plus de modifications à subir quand vint le moment du mélange. Le Finnois, le Slave, ont pu améliorer leurs conditions d'existence, cultiver leur esprit, élever leur intelligence. Leur nature fondamentale est nécessairement restée la même. Il n'en pouvait être ainsi du Germain de la Souabe, pas plus que du Français originaire du bassin méditerranéen. Tous deux eurent à subir des influences entièrement nouvelles et par conséquent à se modifier. Or l'expérience montre qu'en pareil cas la modification s'opère toujours dans le sens des races locales. Le Germain, le Français, auraient naturellement tourné au Slave ou au Finnois. Les circonstances particulières qui accompagnaient ou motivaient leur émigration aidèrent encore à ce mouvement. Le chevalier teutonique, tout aussi désireux de conquérir que de convertir les paysans, les rudes colons qu'il appelait à son aide eurent à combattre les hommes et la nature ; les émigrés de l'édit de Nantes eurent à surmonter les difficultés de leur position. Ces luttes avaient lieu sur une terre ingrate et sous un ciel rigoureux. À cette école, l'intelligence grandit, les volontés s'affermirent, les courages se trempèrent comme les corps ; mais aussi les cœurs s'endurcirent, l'ambition se développa et la religion elle-même prit trop souvent un caractère sauvage. Ce ne fut plus le Dieu du Christ, le *père commun*, que l'on invoqua, ce fut Jéhovah le vengeur.

Ainsi a pris naissance et s'est constituée la *race prussienne*, parfaitement distincte des races germaniques par ses origines ethniques et par ses caractères acquis [20]. Les éléments qui la composent ne sont pas d'ailleurs encore entièrement fusionnés. En dépit d'un vernis de civilisation emprunté surtout à la France, cette race en est encore à son moyen âge. Cela même explique quelques-unes de ses haines et de ses violences. En m'exprimant ainsi, je n'entends méconnaître ou nier aucune de ses fortes et sérieuses qualités. On ne gagne rien à déprécier injustement un ennemi. Vainqueur, on diminue la gloire du triomphe ; vaincu, on accroît la honte de la défaite ; mais il est bien permis à un Français de n'être que juste envers une race qui déguise si peu ses sentiments à notre égard. Calomniés chaque jour par des feuilles à gages et jusque dans des documents officiels, nous avons bien le droit de protester et de montrer que nous ne sommes pas ce que disent nos ennemis, qu'ils sont loin d'être ce qu'ils prétendent. L'histoire du siège de Paris suffit à cette double tâche. On la fera un jour avec détail, et le moment viendra où nos adversaires eux-mêmes rendront justice à une population de deux millions d'âmes qui, du premier jusqu'au dernier jour, s'est montrée également prête à souffrir et à se battre. Je laisse à d'autres le soin de tracer ce tableau avec les développements qu'il exige. Professeur au Muséum, je me borne à esquisser à titre d'épisode ce qui s'est passé dans cet établissement pendant le bombardement.

Le Muséum de Paris avec les jardins et bâtiments qui en dépendent forme un quadrilatère irrégulier entièrement isolé entre un quai et trois rues. La surface en est de 225,430 mètres carrés. Au sud, une ligne de maisons complète la rue de Buffon, et cache de vastes espaces occupés par les laboratoires d'anatomie comparée et de physique végétale, par nos pépinières, par des jardins et par quelques tanneries. À l'est coule la Seine, fort large en cet endroit. Au nord est placé l'entrepôt des vins et eaux-de-vie, mesurant 141,700 mètres carrés. À l'ouest se trouve l'hôpital de la Pitié dont les bâtiments et les cours occupent 21,777 mètres carrés [21]. Il est important de tenir compte de ces chiffres, si l'on veut apprécier les faits à leur juste valeur. Tout d'abord il en résulte que le Muséum est à peu près complètement isolé. Ajoutons qu'un baraquement destiné aux ambulances militaires avait été établi dans le jardin le long d'une allée allant de la grande cour jusqu'au quai. Une autre ambulance fondée par quelques dames du Muséum avait été installée près de la rue Cuvier. Aucun de ces détails n'était certainement ignoré de l'ennemi, toujours si bien renseigné. Il savait bien que notre grand établissement scientifique était devenu une succursale de l'hospice de la Pitié [22].

Dès le début du siège et dans la crainte trop fondée d'un bombardement, le conseil des professeurs chargés de l'administration du Muséum avait pris les précautions nécessaires pour sauvegarder nos richesses scientifiques. La nature de l'établissement exigeait des mesures entièrement spéciales. Avant tout, il fallait parer au danger résultant de l'accumulation dans les salles d'au moins soixante-dix mille vases ou bocaux renfermant les plantes et les animaux conservés dans l'alcool [23]. Employés et professeurs mirent la main à l'œuvre. En quelques jours, cette masse d'objets inflammables fut à l'abri dans une espèce de crypte creusée sous le grand labyrinthe. Les pièces les plus précieuses, les échantillons uniques, des collections entières dont la valeur résulte de leur ensemble même, furent descendus dans les caves. On put croire pendant trois mois que c'était autant de peine inutile ; mais on sait comment le 8 janvier, entre dix et onze heures du soir, éclata à l'improviste ce bombardement sans précédent qui a motivé une solennelle protestation de la part des puissances neutres. Ne reconnaît-on pas à ce trait le Slave tel que l'ont peint les auteurs classiques et M. Amédée Thierry ? Il n'y a là qu'une différence de temps et de science. Au lieu des javelots de ses ancêtres, le Prussien nous envoyait ses obus à longue portée.

Les projectiles pleuvaient sur le Muséum. Professeurs, employés de tout grade, maîtres, domestiques, descendirent dans les caves ou cherchèrent un asile dans les galeries souterraines attenantes aux serres. Sans doute il était impossible qu'une certaine émotion ne se manifestât point à ces premiers moments. Sans doute, quand deux obus, éclatant presque coup sur coup, vinrent fracasser la serre des orchidées à quelques mètres d'une foule composée en majeure partie de femmes et d'enfants, il y eut des moments d'angoisse et des cris d'effroi ; mais on se fit vite au sifflement, aux explosions des projectiles. Tous ceux qui ont passé quelques nuits dans cette crypte peuvent attester combien le calme s'y rétablit rapidement. Ils se rappelleront longtemps le mélange de résignation et d'insouciance qui y régnait, les observations pleines de justesse, les réflexions fermes et sérieuses qui sortaient parfois des bouches les plus humbles. Les services marchèrent d'ailleurs avec la régularité accoutumée. Malgré ses quatre-vingt-cinq ans, l'illustre et vénérable directeur, M. Chevreul, parcourant de jour l'établissement, veillant chaque nuit dans la serre, donnait à tous un exemple que chacun voulait imiter. Aussi dans tout le personnel du Muséum, si nombreux et si divers, il n'y eut pas un instant de défaillance. L'effet moral tant attendu, tant annoncé par les Prussiens, fut absolument nul. Comme preuve, il suffira de dire que le vitrage des serres a été rétabli, les brèches des galeries fermées en plein bombardement.

Le bombardement du Muséum a présenté quelques circonstances bonnes à signaler. La colline artificielle du grand labyrinthe, qui n'est séparée de la Pitié que par une étroite terrasse et la rue Geoffroy-Saint-Hilaire, fournissait à l'ennemi un point de repère marqué sur tous les plans, sur toutes les cartes. Il en a évidemment fait usage. Les premiers jours, les projectiles tombaient à peu près exclusivement au sud de ce mamelon. C'est pendant cette période que furent frappées les serres, les galeries de zoologie et de minéralogie, l'ambulance élevée dans la grande allée. La maison historique de Buffon, isolée à l'angle sud-ouest du jardin, fut cernée en tout sens par les obus, et ne fut sauvée que par une sorte de miracle. À partir du 19, le tir fut dirigé d'une manière tout aussi constante au nord du labyrinthe. Alors furent atteints les laboratoires et magasins consacrés aux mammifères, aux oiseaux, aux mollusques, aux zoophytes, aux reptiles, aux poissons, aux insectes, le bâtiment de l'administration et quelques-uns des logements placés dans le voisinage. M. Edwards eut son lit couvert de décombres. Un obus éclata tout à côté du cabinet de M. Chevreul avec des circonstances telles que, s'il n'eût été absent, le doyen des chimistes était tué à sa table de travail. Au reste, grâce aux précautions prises, les dégâts causés par les obus ont été surtout matériels. Pourtant les serres ont perdu des végétaux précieux qui n'étaient encore cultivés que chez nous, et qui se seraient répandus de là dans l'Europe entière. Les collections rapportées du Mexique ont été broyées, et la science a perdu quelques espèces, quelques genres nouveaux, dont l'étude était commencée. Parmi nos animaux vivants, une perruche seulement a été tuée. Dans les magasins de la conchiliologie, quelques types rares ont été détruits, et un certain nombre de tiroirs absolument bouleversés. Dans les galeries de zoologie, un crocodile empaillé a perdu sa tête ; quelques lézards, également empaillés, ont été éventrés. Aucun des employés n'été blessé. Voilà le bilan du bombardement du Muséum.

Le Muséum a été bombardé du 8 au 25 janvier [24]. Il a reçu quatre-vingt-cinq obus [25]. L'hospice de la Pitié n'a pas été plus épargné. Quarante-sept projectiles sont tombés dans les cours ou sur les bâtiments [26]. Or la surface occupée par ces deux établissements réunis est de 247,207 mètres carrés. À lui seul, ce chiffre réfuterait au besoin l'étrange excuse invoquée par les autorités et la presse prussiennes pour expliquer comment des hôpitaux, des monuments, ont été si souvent frappés. Il est évident que des projectiles dirigés par ces artilleurs dont nous avons éprouvé tant de fois la redoutable adresse ne *s'égarent* pas en si grand nombre, d'une manière constante et pendant dix-sept jours sur une surface de 24 hectares. Dira-t-on qu'ils étaient destinés à l'entrepôt des vins, et que, faute d'une force d'impulsion suffisante, ils tombaient quelque peu en-deçà ? Je répondrais qu'il n'en est rien. L'entrepôt, à raison de son étendue, pouvait être aussi facilement atteint que le Muséum, et les Prussiens lui ont parfaitement fait sa part distincte. Lorsque, dans la nuit du 17, le feu prit au magasin des eaux-de-vie, l'ennemi, averti par la lueur, sut fort bien envoyer coup sur coup exactement dans cette direction une douzaine d'obus, qui non-seulement ne restèrent pas en route, mais heureusement dépassèrent le but. Une fois le feu éteint, la trajectoire se raccourcit, les projectiles tombèrent de nouveau sur le Muséum, et l'un d'eux éclata sur le labyrinthe, à quelques mètres du toit de nos serres, déjà si éprouvées. Les professeurs réunis en conseil au moment du sinistre, ceux qui passèrent cette nuit aux serres, ont pu constater par eux-mêmes toutes ces circonstances.

La déclaration faite à l'Académie des Sciences par notre directeur est donc incontestablement fondée [27]. Le Muséum a été bombardé. Les Prussiens ont bien volontairement disséminé leurs obus armés de tubes incendiaires tout autour du labyrinthe. En agissant ainsi, ils avaient la certitude absolue de n'atteindre que des édifices modestes, consacrés à l'humanité ou à la science, de ne frapper que des malades, des blessés, des médecins ou des savants. En revanche, ils se donnaient la chance d'anéantir des collections qui dans leur ensemble sont absolument sans rivales. Nulle part, la sombre rancune du Finnois, la haine jalouse du demi-barbare pour une civilisation supérieure, ne s'accusent plus nettement [28].

La guerre, telle que la comprennent la Prusse et ses interprètes, présente partout les mêmes caractères. Par les motifs qu'on lui donne, elle est pour eux une *croisade*, et ils la prêchent dans un langage où se trahit à chaque mot le mélange de mysticisme impitoyable et d'ambitions effrénées qui animait les chevaliers armés contre les Sarrasins ou les Pruczi. Par les moyens qu'elle met en œuvre, elle nous reporte plus loin encore dans l'histoire.

Jeter un peuple entier sur un autre, est-ce donc là une invention nouvelle ? Qu'est-ce faire, sinon imiter ces barbares qui se heurtaient nations contre nations, *se ruant* les uns sur les autres et contre la civilisation romaine *dans de véritables duels pour la vie ou la mort* ? On pouvait croire impossible le retour d'un pareil état de choses. L'institution des armées permanentes, formant un corps à part dans l'état, destinées à lutter pour tous, laissant les citoyens à leurs affaires, les savants à leurs recherches, les artistes à leurs études, les laboureurs à leurs travaux, amoindrissait un mal peut-être inévitable. Le mouvement général pouvait être enrayé ; il ne s'arrêtait pas. Grâce à la Prusse, il n'en sera plus ainsi. Avertis par nos malheurs, les peuples vont s'armer de fond en comble. En Europe, tout le monde portera les armes, et quand viendront les luttes prochaines, quand tomberont sur les champs de bataille non plus seulement des soldats, mais des représentants du progrès en tout genre, des chefs d'industrie et des poètes, des artistes comme Henri Regnault, des savants comme Gustave Lambert [29], alors on comprendra ce que sont la guerre et la civilisation *retrouvées* par la race prussienne.

En résumé, dans les provinces vraiment prussiennes, c'est-à-dire dans les deux Prusses, la Poméranie et le Brandebourg, la population par ses origines ethnologiques est essentiellement finno-slave ; l'élément germanique, plus ou moins mêlé à l'élément français, domine dans les hautes classes et dans la bourgeoisie de certaines villes seulement. Il en est tout autrement dans l'Allemagne de l'ouest et du sud. Sans doute ces contrées ont aussi leur fonds de sang finnois. Le Rhin a eu ses habitants allophyles, contemporains de nos troglodytes du Périgord, de nos chasseurs de la Somme. C'est même dans le limon quaternaire de ce fleuve, dans le *Lœss*, presque en face de Strasbourg, qu'a été découvert le premier fossile humain [30] ; mais cet élément premier de toutes ou au moins de presque toutes les populations européennes est bien loin d'accuser ici sa présence par des signes aussi certains que dans le nord. D'autre part, la race aryenne y est représentée à peu près uniquement par son rameau germanique. Seules, quelques colonies celtiques venues de la Gaule s'établirent par la force des armes sur un petit nombre de points, et compensèrent pour ainsi dire les groupes germains émigrés en sens contraire. Quant aux Slaves, ils n'y pénétrèrent guère et ne s'y arrêtèrent jamais. M. Duchinski lui-même place en dehors des terres slaves le Hanovre, la Bavière et toutes les contrées situées au sud et à l'ouest de ces deux pays. On a vu pourquoi l'émigration française protestante ne pénétra que peu dans l'Allemagne luthérienne. Ainsi, à tous égards, la Prusse est ethnologiquement distincte des peuples qu'elle commande aujourd'hui sous prétexte d'une prétendue communauté de race ; ses instincts ne sont pas les leurs. La véritable Allemagne comprendra, sentira un jour qu'il y a dans mes paroles tout autre chose que le ressentiment d'un vaincu ; mais il sera trop tard : elle expiera cruellement la faute qu'elle a commise en faisant reposer son avenir sur une erreur anthropologique.

Notes

1.   Les Vandales ont été rattachés tantôt au tronc germanique, tantôt à la souche slave. L'étymologie du mot semblerait au moins indiquer la prédominance de ce dernier élément ethnologique. (A. Maury.)

2.   Je n'ai pas à m'occuper ici des autres contrées possédées par les Slaves et de l'extension de cette race en tout sens. Le lecteur que la question intéresserait n'a qu'à consulter les deux curieuses cartes publiées par M. Duchinski comme appendice au travail de M. Viquesnel (Coup d'œil sur quelques points de l'histoire générale des peuples slaves). Parmi les autres historiens, linguistes, géographes ou anthropologistes, dont je résume ici les opinions, je me borne à citer Cantu, H. Martin, A. Maury, Latham, Malte-Brun, Prichard, etc.

3.   Les races blanches forment trois groupes principaux ou branches : la branche aryenne, la branche sémitique et la branche allophyle. On pourrait critiquer cette dernière dénomination, mais elle est généralement usitée dans la science.

4.   Parmi les auteurs qui se sont le plus occupés des races finnoises, il faut mentionner A. Castrén et A.-E. Ahlgvist, qui tous deux les ont visitées l'une après l'autre. M. E. Beauvois a résumé leurs travaux, en ajoutant ses propres recherches, dans un ouvrage intitulé Études sur la race nord-altaïque.

5.   Researches ento tho physical history of mankind" ; t. III.

6.   Voyez la Revue du 1er novembre 1854.

7.   Hungary and Transylvania, by. Paget.

8.   M. Pruner bey, qui le premier a nettement formulé cette proposition, a rencontré d'abord une opposition assez vive. Il y avait sans doute dans les premières opinions de l'éminent anthropologiste certaines exagérations et des lacunes tenant à l'état de la science. Les faits permettent aujourd'hui de faire la part des unes et des autres tout en rendant justice à l'auteur, et quelques-uns des écrivains qui ont le plus combattu ses idées me paraissent bien près d'adopter ce qu'elles ont d'essentiel. (Voyez le Précis de paléontologie humaine, par le docteur Hamy.)

9.   Malte-Brun.

10.   Voyez les Bulletins de la Société d'anthropologie, 2e série, t. Ier.

11.   Cette manière de comprendre les migrations de la race finnoise est en désaccord avec la manière de voir de quelques écrivains de grand mérite qui la regardent comme venue du nord-est. Sans entrer dans une discussion qui m'entraînerait trop loin, je me bornerai à faire remarquer que mon opinion repose principalement sur les données assez récemment acquises au sujet des modifications climatériques subies par notre hémisphère. À l'époque où l'homme quaternaire vivait en France, les toundras du Ienisseï et toutes les localités analogues étaient inhabitables.

12.   Herberstein, cité par Prichard, t. III.

13.   Latham, Elemens of comparative philology.

14.   La paix de Cracovie, qui consacra cette transformation, fut signée en 1525.

15.   La révocation de l'édit de Nantes fut signée le 22 octobre 1685 ; l'édit de Potsdam est daté du 29 du même mois.

16.   L'exemple du grand-électeur fut suivi par presque tous les princes qui se rattachaient à la famille de Brandebourg. On doit citer parmi eux Charles Ier, landgrave de Hesse-Cassel. Sans même attendre l'édit de révocation, il offrit un asile aux protestants persécutés. La seule ville de Cassel, qui ne comptait alors que 18,000 habitants, en reçut 3,000, et le landgraviat 5,000 ou 6,000, dont environ 150 chefs de famille appartenant à la noblesse. (Ch. Weiss,

Histoire des réfugiés protestants de France depuis la révocation de l'édit de Nantes.)

17.   Un grand nombre de ces familles ont déguisé et germanisé leurs noms soit en changeant l'orthographe, soit en traduisant ceux qui étaient significatifs, tels que Lacroix, Sauvage, etc. (Voyez Ch. Weiss.)

18.   Voyez Prichard et Malte-Brun. La plupart de ces traits de caractère répondent parfaitement au peu que nous savons des Pruczi ou Prussiens primitifs.

19.   Voyez les Fils et successeurs d'Attila dans la Revue du 1er novembre 1854.

20.   M. Godron, bien que ne tenant compte que du mélange des Slaves et des Germains, a dit avec raison : « Les Prussiens ne sont ni des Allemands ni des Slaves ; les Prussiens sont des Prussiens. »

21.   Tous ces chiffres sont tirés du Dictionnaire administratif et historique des rues et monuments de Paris, par MM. F. et L. Lazare, ouvrage dont les matériaux ont été puisés aux sources les plus officielles, l'un des auteurs étant un des chefs de la voirie de Paris.

22.   Dans les premiers temps de l'investissement, on avait aussi placé un certain nombre de bêtes à cornes dans l'allée qui longe la rue de Buffon. L'administration du Muséum en réclama en vain l'éloignement ; mais les Prussiens savaient qu'elles avaient disparu depuis longtemps quand s'ouvrit le feu sur Paris.

23.   À elle seule, la collection des reptiles et poissons compte environ trente mille objets de cette nature.

24.   Le dernier obus est tombé sur la terrasse du grand labyrinthe.

25.   Ces obus ne se sont pas égarés indifféremment dans tout le jardin. Ils sont à peu près tous groupés dans le voisinage des galeries et autres constructions.

26.   Je ne compte ici que les projectiles tombés dans le périmètre même des établissements. La rue qui les sépare et celles qui les circonscrivent en ont reçu plusieurs.

27.   Voici les termes de cette déclaration, qui sera tôt ou tard

gravée sur la porte d'entrée du Muséum. — « Le Jardin des plantes
médicinales, fondé à Paris par édit du roi Louis XIII à la date du
mois de janvier 1626, devenu muséum d'histoire naturelle par dé-
cret de la convention du 10 juin 1703, fut bombardé sous le règne
de Guillaume Ier, roi de Prusse, le comte de Bismarck étant chan-
celier, par l'armée prussienne, dans la nuit du 8 au 9 de janvier
1871. Jusque-là, il avait été respecté de tous les partis et de tous les
pouvoirs nationaux et étrangers. »

28.   On peut toutefois en dire autant de la destruction de la bibliothèque de Strasbourg. Quiconque connaît Strasbourg sait que
les bâtiments consacrés à cette bibliothèque, l'église protestante
du Temple-Neuf et le séminaire protestant formaient un grand
îlot isolé, auquel se rattachaient seulement un fort petit nombre
de maisons particulières. Ces dispositions, qui figurent sur tous
les plans, étaient certainement connues des Prussiens. Ils ont bien
su où avait éclaté l'incendie, et c'est volontairement qu'ils ont fait
pleuvoir les obus avec un redoublement d'activité sur ces trésors
scientifiques, sur cette église et ce collège consacrés à leurs propres
croyances. Qu'importent la science et la religion, pourvu qu'on ter-
rifié l'ennemi !

29.   Henri Regnault, le peintre de Salomé, Gustave Lambert,
qui était à la veille de partir pour son expédition du pôle nord, sont
tombés tous deux sur le champ de bataille de Buzenval, frappés,
l'un d'une balle au front, l'autre d'un éclat d'obus.

30.   Cette découverte est due à M. A. Boué. En 1823, ce géo-
logue trouva près de Lahr, dans le grand-duché de Bade, des osse-
ments humains dont il reconnut et proclama hautement l'antiqui-
té.

ISBN : 978-1542987745